SCRIVERE UNA LETTERA DI PRESENTAZIONE EFFICACE

Invia la tua domanda di lavoro

SCRIVERE UNA LETTERA DI PRESENTAZIONE EFFICACE

Invia la tua domanda di lavoro

scritto da Benoit Janssens
tradotto par Sara Rossi

SCRIVERE UNA LETTERA DI PRESENTAZIONE EFFICACE

- **Il problema:** come posso scrivere una lettera di presentazione che mi farà ottenere un colloquio di lavoro?

- **Perché è utile:** la lettera di presentazione completa e chiarisce il curriculum. Permette al candidato di enfatizzare alcune caratteristiche piuttosto che altre, a seconda dell'azienda per cui si candida; offre, inoltre, al datore di lavoro la possibilità di stabilire un collegamento tra il profilo del candidato, la sua personalità, l'esperienza, le competenze e la motivazione.

- **Contesto professionale:** ricerca di un lavoro o di uno stage, riorientamento professionale.

- **FAQ:**

  - Quali sono le specificità di una lettera di presentazione inviata per e-mail?

  - È consigliabile scrivere una lettera di presentazione a mano?

  - Devo sempre inviare una lettera di presentazione con il mio CV?

  - Quali argomenti si possono presentare se si ha poca o nessuna esperienza professionale?

- È possibile introdurre una nota di umorismo nella lettera?

- Come si fa a esprimere il proprio entusiasmo senza sembrare arroganti?

- Si può scrivere la stessa lettera di presentazione per tutte le candidature?

- Dobbiamo parlare della distanza tra l'azienda e il domicilio?

Sia che abbiate appena terminato gli studi, sia che stiate cercando di cambiare carriera o di trovare un nuovo lavoro dopo essere stati licenziati, a meno che non siate lavoratori autonomi, dovrete fare domanda per un lavoro o uno stage. In tutti questi casi, vi troverete inevitabilmente di fronte alla stesura di una lettera di presentazione, che quasi automaticamente dovrà accompagnare il curriculum.

Qualunque sia la vostra situazione professionale e il settore in cui desiderate candidarvi, la lettera di presentazione ha un'importanza fondamentale. Dopo il CV, è generalmente il secondo documento letto dall'ufficio assunzioni. Le possibilità di successo di una candidatura dipendono, quindi, in larga misura dalla qualità e dalla coerenza di questa lettera.

Attenzione, anche se è molto ben costruita e pertinente, non è una garanzia assoluta di successo. È possibile che la vostra candidatura non soddisfi tutte le aspettative del datore di lavoro rispetto al profilo di altri candidati, nonostante tutte le risorse e la motivazione che avete mostrato nella vostra lettera. Inoltre, ci sono ancora altri passi importanti da compiere, in particolare il colloquio (o i colloqui). Detto questo, per avere l'opportunità di arrivarci, è assolutamente necessario concentrarsi prima su questa fase decisiva, che è la stesura della lettera di presentazione.

Questa può essere una sfida complicata se non si è abituati a questa pratica. Peggio ancora: proprio quando pensate di aver scritto la lettera in modo corretto, i datori di lavoro rispondono ancora negativamente. In questo caso, potrebbe essere il momento di ripensare il vostro approccio per massimizzare la qualità della vostra lettera.

Da dove cominciare? Quali sono gli elementi importanti che possono costruire l'argomentazione e rendere la vostra lettera convincente? Immergetevi in questa guida pratica per avere le migliori possibilità di trovare il lavoro dei vostri sogni!

LE BASI DI UNA LETTERA DI PRESENTAZIONE CONVINCENTE

UN PASSO NECESSARIO

Per il candidato

Come suggerisce il nome, questo documento serve a dimostrare la vostra motivazione a svolgere il lavoro per il quale vi state candidando. Va distinto dal curriculum vitae, che è una sintesi del vostro background professionale e delle vostre competenze. Non è quindi sufficiente ripetere nella stessa forma ciò che è contenuto nel CV. I due documenti non devono mai essere duplicati. Ciò non significa che non si possano citare elementi simili. Sebbene la funzione principale del curriculum sia quella di descrivere le vostre competenze e la vostra esperienza professionale, la lettera di presentazione vi permette di sviluppare in modo conciso alcuni punti che ritenete essenziali e che giustificano la vostra motivazione per la posizione da ricoprire. Vi offre l'opportunità di collegare alcune delle vostre qualità o competenze con una delle esperienze più importanti della vostra carriera. Attenzione, però, a non trasformare la lettera di presentazione in un racconto autobiografico!

👁 "SONO ADATTO AL LAVORO".

Prima di candidarvi per un lavoro, dovreste ovviamente essere sicuri di avere le qualifiche necessarie. La motivazione da sola non basta. Solo dimostrando le vostre competenze rilevanti per il lavoro attraverso il CV e la vostra motivazione tramite la lettera di presentazione avrete la possibilità di attirare il datore di lavoro. È quindi essenziale leggere attentamente l'annuncio di lavoro prima di scrivere una lettera di presentazione.

Tuttavia, non è assolutamente necessario soddisfare tutti i criteri stabiliti dal datore di lavoro nell'annuncio. I reclutatori forniscono alle persone in cerca di lavoro un profilo ideale. Alcune di queste condizioni, se chiaramente indicate come tali, devono essere soddisfatte (ad esempio, "è richiesta la patente di guida" o "è richiesto un particolare livello di istruzione"). Tuttavia, la vostra motivazione può compensare una o due competenze che ancora non possedete. Non gettate, quindi, la spugna troppo in fretta: sarebbe un peccato lasciarsi sfuggire l'occasione a causa di qualcosa che il datore di lavoro dice che non avete ancora acquisito, quando invece siete perfettamente qualificati.

Per il reclutatore

Nella maggior parte dei casi, il datore di lavoro riceve decine o addirittura centinaia di candidature per una posizione. Intervistare tutti i candidati sarebbe uno

spreco di tempo e denaro. Il CV e la lettera di presentazione consentono, quindi, al recruiter di effettuare una
prima selezione.

Nella maggior parte dei casi, il curriculum è il primo
documento che interessa al selezionatore. Dopo averlo
consultato, se vede che il vostro profilo soddisfa i prin-
cipali criteri richiesti, si concentrerà sulla vostra lettera.
La lettera è quindi molto importante e non deve essere
trascurata. È il "plus" che può distinguervi dagli altri
candidati. Anche se avete un buon CV, una lettera
scritta male può rovinare la vostra candidatura.

Il processo di reclutamento non funziona automaticamente in questo modo. A volte la lettera di presentazione è la prima ad essere esaminata. In questo caso è
ancora più importante. Se non soddisfa il selezionatore,
è molto probabile che non si prenda nemmeno la briga
di guardare il vostro CV.

PREPARAZIONE

Analizzare in dettaglio l'offerta di lavoro

Come abbiamo visto, il primo passo è assicurarsi di
aver capito e compreso in cosa consiste il lavoro per cui
ci si sta per candidare. Pertanto, analizzate l'annuncio
punto per punto. Questa attenta lettura dovrebbe già
darvi un'idea di ciò che potrete proporre quando scrive-
rete la vostra lettera di presentazione. Per ogni elemento richiesto dal datore di lavoro, cercate di trovare

un'esperienza di valore nella vostra esperienza da mettere in evidenza.

In secondo luogo, cercate di dedurre quali delle vostre qualità sarebbero utili per il lavoro. Infatti, oltre a un elenco di qualifiche e qualità richieste, i datori di lavoro di solito forniscono una descrizione del lavoro. Per fare un semplice esempio, se si afferma che il dipendente dovrà lavorare quotidianamente con diversi colleghi, sarà utile menzionare che si ama il lavoro di squadra, anche se questa caratteristica non è esplicitamente richiesta.

 CONTATTARE L'AZIENDA

Gli annunci di lavoro sono talvolta poco sviluppati e possono mancare di chiarezza sulla mansione e su ciò che essa comporta. In questo caso, non esitate a contattare il responsabile delle assunzioni via e-mail o per telefono per avere maggiori informazioni sul lavoro. Tuttavia, evitate questo approccio se non avete domande specifiche da porre.

Una volta accertato che la vostra candidatura è legittima e coerente con il profilo ricercato dal datore di lavoro, potete passare alla fase successiva.

Informatevi il più possibile sul datore di lavoro e sul suo settore di attività.

Per avere la migliore idea possibile di chi avete di fronte, raccogliete tutte le informazioni disponibili sul datore di lavoro. Ci sono diversi modi per farlo:

- Internet: i datori di lavoro di tutti i tipi hanno un sito web. Vi si possono trovare informazioni utili sulla posizione dell'azienda all'interno del suo settore, sulla sua filosofia, sul suo modo di operare, sul suo grado di importanza rispetto ai possibili concorrenti, sulla sua storia, ecc.

- Social network: verificate se il datore di lavoro è presente sui social network (soprattutto Facebook e LinkedIn). In tal caso, si possono dedurre informazioni sulla sua popolarità, sul marchio e sulle attività.

- La propria rete: vale sempre la pena di parlare del lavoro e del datore di lavoro intorno a voi. Non si sa mai, qualcuno dei vostri conoscenti potrebbe conoscere l'azienda o qualcuno che ci lavora.

- La stampa: nel caso di grandi aziende, è possibile consultare anche la stampa generalista o aziendale. Questo datore di lavoro potrebbe aver fatto o fare notizia.

- Il telefono: il numero di telefono del datore di lavoro è quasi sempre presente nell'annuncio. Spesso sarete anche invitati a chiamare per avere maggiori informazioni sul lavoro. Non esitate a farlo se aveste domande sull'azienda, dopo aver verificato che le risposte non siano già disponibili attraverso i mezzi sopra citati. Anche se l'annuncio non vi incoraggia a chiedere informazioni telefoniche, non c'è alcun rischio nel provarci. Al contrario, dimostrerà al datore di lavoro il vostro interesse e la vostra serietà. Se non siete particolarmente a vostro agio al telefono, non lanciatevi in un'improvvisazione esitante e scrivete in anticipo le informazioni che desiderate ottenere.

 ## Piccolo bonus

Se nell'annuncio di lavoro compare il nome del responsabile delle assunzioni, informatevi sul suo status all'interno dell'organizzazione. Queste informazioni vi permetteranno di personalizzare un po' di più la vostra lettera di presentazione, rivolgendovi in particolare a questa persona. Potete iniziare la lettera con "Signor Direttore" o "Signora Diretttice delle Risorse Umane" invece che con "Signor" o "Signora", il che dimostrerà ulteriormente il vostro impegno.

Se vi candidate per un lavoro in un settore che non conoscete, è utile anche informarsi su di esso. Ad esempio, se vi state candidando per un lavoro come segretaria nel settore industriale e la vostra esperienza lavorativa è più nel campo commerciale, è importante che sappiate di cosa si tratta.

Perché bisogna raccogliere tutte queste informazioni?

L'intero processo di ricerca di informazioni consente di farsi un'idea più precisa dell'organizzazione a cui ci si sta candidando. Ciò sarà utile non solo per la stesura della lettera di presentazione, ma anche per la stesura del CV e per gli eventuali colloqui che seguiranno. In breve, tutte le vostre comunicazioni successive saranno condizionate da ciò che avete appreso durante la vostra ricerca preliminare di informazioni.

Tornando alla lettera di presentazione in sé, è ovvio che dovrete adattare l'oggetto del documento al lavoro per cui vi state candidando. Tuttavia, questo non è l'unico aspetto a cui bisogna prestare attenzione. Sia il tono che le competenze evidenziate dipendono dalle specificità del datore di lavoro. Potete quindi aumentare le vostre possibilità di successo adattando la vostra lettera di presentazione al profilo del datore di lavoro. Ad esempio, per una posizione identica in una multinazionale o in una piccola azienda familiare, la lettera di presentazione non sarà la stessa. Enfatizzerete diversi punti, che si tratti della vostra motivazione o delle vostre competenze.

Sicuramente avete qualità e motivazioni per entrambi i tipi di azienda, ma a seconda del datore di lavoro ne enfatizzerete alcune piuttosto che altre.

 IDENTIFICARE IL PROFILO DEL DATORE DI LAVORO

Esistono molti criteri per differenziare i datori di lavoro. Ecco un elenco non esaustivo:

- le dimensioni dell'organizzazione;

- ciò che produce o genera (qualsiasi prodotto o servizio);

- la sua reputazione;

- la sua filosofia;

- la sua origine (nazionalità della società madre);

- la sua storia;

- la sua gerarchia;

- la sua reputazione.

Se vi impegnate in questo modo, la vostra lettera di presentazione avrà il pregio di essere unica e avrà maggiori probabilità di attirare l'attenzione del responsabile della selezione del personale. Infatti, la differenza è direttamente rilevabile tra una lettera generica che si copia/incolla per ogni candidatura e una lettera personalizzata grazie ai consigli forniti sopra. Tanguy V., reclutatore professionista, testimonia:

> *"Non servono anni di esperienza per capire la differenza tra una lettera di presentazione personalizzata e una lettera che il candidato invia semplicemente a tutti i datori di lavoro con qualche modifica. È un peccato, perché alcuni candidati hanno sicuramente le qualità richieste per il lavoro, ma leggendo la lettera di presentazione fanno un torto a loro stessi, perché il modo in cui l'hanno scritta ci fa capire che non sono così motivati. Se il candidato si è preso la briga di informarsi sull'organizzazione*

> *a cui si sta candidando e utilizza queste infor-*
> *mazioni nella lettera, sicuramente attirerà l'at-*
> *tenzione del selezionatore."*

EDITORIALE

Ora che avete tutti gli elementi di cui sopra, è il momento di iniziare a scrivere la vostra lettera. Una lettera di presentazione ha una struttura specifica che deve essere rigorosamente rispettata. Se non lo fate, le vostre possibilità di successo diminuiranno notevolmente. Inoltre, i datori di lavoro hanno poco tempo per esaminare le candidature e se la vostra lettera è troppo lunga - non dovrebbe mai essere più lunga di una pagina A4 - o non è pertinente, passeranno rapidamente a un'altra candidatura.

L'intestazione

Questa sezione altamente formalizzata vi permetterà di iniziare facilmente senza ritrovarvi con una pagina vuota. Inoltre, fornirà direttamente al selezionatore le informazioni concrete di cui potrebbe avere bisogno.

- I vostri dati di contatto: in alto a sinistra, scrivete il vostro nome e cognome, l'indirizzo, il numero di telefono e l'indirizzo e-mail. Queste informazioni permetteranno al datore di lavoro di contattarvi facilmente, senza dover cercare i vostri recapiti. Può sembrare un aspetto secondario, ma è molto importante che siate facilmente contattabili.

- Dati del datore di lavoro: in alto a destra, scrivete i dati dell'azienda e il nome del responsabile delle assunzioni (se lo conoscete, ovviamente) preceduto dalla dicitura "All'attenzione di". Questo può essere utile se la lettera viene aperta da una persona diversa da quella a cui ci si rivolge. Non è quindi un problema se ripetete queste informazioni, che sono già presenti sulla busta.

- Il luogo e la data di invio: sotto i dati del datore di lavoro, indicate la città corrispondente al vostro indirizzo, seguita dalla data. Ad esempio: «Milano, 16 ottobre 2014».

- L'oggetto: in basso, sul lato sinistro, deve essere riportato l'oggetto della lettera. È sufficiente indicare la posizione per cui ci si candida, seguita dal riferimento dell'annuncio, se presente. Scrivete questo come segue: «(riferimento)».

👁 DA EVITARE

Se il vostro indirizzo e-mail abituale è piuttosto insolito, evitate di usarlo per le vostre sollecitazioni. Non sembra molto grave per i datori di lavoro. Si consiglia pertanto di creare un indirizzo classico che includa semplicemente il vostro nome e cognome.

L'introduzione

Come suggerisce il nome, questa parte serve a stabilire un contatto con il datore di lavoro senza entrare troppo bruscamente nell'argomento. Si compone di due parti: l'appello e il primo paragrafo.

Prima di tutto, indicate a chi vi rivolgete. Se non lo sapete con precisione, utilizzate la seguente formula: "Egregio signore o egregia signora". Se si conosce il nome della persona incaricata del reclutamento, indicare "signora" se si tratta di una donna e "signor" se si tratta di un uomo, senza specificare il nome. Infatti, contrariamente a quanto spesso si sente dire, "signora Y" o "signor X" sono percepiti come meno rispettosi dei soli "signora" o "signor". Se invece conoscete la funzione della persona a cui vi rivolgete, indicatela: "Signora direttrice" o "Signor prefetto", per esempio. Non dimenticate la virgola dopo ciascuna di queste forme di indirizzo.

Una volta scritto questo, lasciate uno spazio e introducete la vostra lettera. Il primo paragrafo non deve essere più lungo di cinque o sei righe e deve rispondere alla domanda: "Perché il datore di lavoro riceve la vostra candidatura? Potete iniziare accennando brevemente al fatto di aver visto l'annuncio dell'azienda e spiegare perché la lettura ha suscitato il vostro interesse. Spiegate la vostra situazione attuale e poi utilizzate le informazioni che avete raccolto sul lavoro e sul datore di lavoro. Ad esempio:

> *"È con grande interesse che ho letto il vostro annuncio di lavoro per la posizione di … Attualmente sto cercando un lavoro come … nel settore di … Il vostro annuncio mi interessa molto. Sono molto entusiasta dell'opportunità di lavorare in questo ruolo in un'azienda innovativa e in crescita come … e credo di avere tutte le competenze necessarie".*

Questo è solo un esempio generico, cercate di trovare il vostro modo di far emergere le cose. Ricordate che è importante personalizzare il più possibile la lettera.

Il corpo della lettera

Deve rispondere a tre domande per suscitare l'interesse del selezionatore. Queste tre domande corrispondono alle tre parti che solitamente compongono una lettera di presentazione.

- **Chi sei?** Questa parte è dedicata alla vostra esperienza personale, il cui scopo è quello di legittimare la vostra candidatura. È quindi importante selezionare gli elementi più significativi del vostro CV in relazione alla posizione per cui vi state candidando e trasformarli in argomenti che vi distinguano dagli altri candidati. Anche se vi state candidando per un lavoro diverso da quello che avete svolto in precedenza, cercate di mettere in evidenza le qualità e le competenze che avete sviluppato e che sono rilevanti anche per questo nuovo lavoro. Ciò che pensate sia una debolezza, a volte può essere trasformato in una risorsa che vi farà distinguere dalla massa. L'obiettivo è quindi quello di sottolineare il valore della vostra esperienza per il datore di lavoro.

- Questa parte è generalmente la più importante di una lettera di presentazione: può essere lunga dieci o quindici righe. È consigliabile dividerlo in due o tre paragrafi coerenti, in modo da non avere un grande blocco di testo. Questo vi aiuterà anche a strutturare le vostre idee e renderà la lettura più piacevole per il selezionatore.

- **Cosa la spinge a candidarsi per questo lavoro e per questa organizzazione?** Anche se avete accennato molto brevemente a questa domanda nella sezione introduttiva, dovrete sviluppare qui le ragioni per cui vi state candidando per questo particolare lavoro e azienda. Non trascurate il datore di lavoro concentrandovi solo sul lavoro che vi offre. Anche in questo caso, utilizzate le informazioni raccolte in precedenza per sviluppare le vostre argomentazioni motivazionali. Il selezionatore deve poter constatare che avete capito chi sono e qual è la posta in gioco nel posto di lavoro che stanno cercando di occupare. In breve, dovete dimostrare di essere nel vostro elemento. Anche per questa parte, si raccomanda vivamente di basarsi sull'annuncio e di riprenderne i punti essenziali, specificando come vi motivano.

- **Perché siete il candidato ideale?** Questo paragrafo funge da conclusione: riassume e collega gli elementi sviluppati in precedenza. Conclude la lettera mostrando come il vostro profilo sia adatto alle mansioni previste dal lavoro e alla cultura dell'organizzazione che lo offre. Idealmente, alla fine della lettera, la posizione per la quale ci si candida dovrebbe apparire come un'ovvia corrispondenza con il proprio background.

Il saluto

Concludete la lettera indicando che siete a disposizione del datore di lavoro nel caso in cui vi chieda ulteriori informazioni su di voi. Utilizzate quindi una forma di indirizzo semplice e classica come: "Distinti saluti" o "Cordiali saluti". Non vi resta che firmare in fondo alla pagina o indicare il vostro nome e cognome se vi candidate per e-mail.

INVIO

Il metodo di invio delle candidature è sempre specificato nell'annuncio. La domanda può essere inviata per e-mail o per posta, ma spesso vi viene data la possibilità di scegliere tra le due possibilità. In questo caso, è meglio fare domanda per posta. Questo perché i datori di lavoro ricevono un gran numero di e-mail. È quindi più probabile che la lettera e il CV vadano persi nella massa rispetto all'invio per posta.

 **UNA SFORTUNATA SVISTA**

Se vi candidate via e-mail, assicuratevi di evitare il classico errore che tutti hanno già commesso: controllate di aver allegato la lettera di presentazione e il CV. Se questa svista non è molto grave in un contesto privato, in questo caso può portare a conseguenze spiacevoli: o non ve ne rendete conto e il datore di lavoro semplicemente non ha accesso alla vostra candidatura; oppure inviate gli allegati in un'altra e-mail, il che limita il danno, ma non compensa completamente l'impressione di negligenza che la vostra svista ha probabilmente dato al selezionatore.

I NOSTRI CONSIGLI

- Utilizzate il gergo specifico del settore in cui vi candidate. Questo renderà la vostra lettera di presentazione ancora più personale. Naturalmente, non bisogna entrare in dettagli troppo complicati e specialistici. L'obiettivo è quello di dimostrare implicitamente che siete effettivamente esperti per il lavoro, senza mettere fuori gioco il selezionatore con termini tecnici.

- Siate originali per distinguervi dagli altri candidati. Sebbene la lettera di presentazione sia ancora un documento abbastanza convenzionale, a seconda della posizione e del datore di lavoro, cercate di valutare quanto possa essere un vantaggio un po' di originalità. In concreto, potrebbe trattarsi di una passione, di un'esperienza insolita o di un modo molto personale di presentare le cose. In ogni caso, evitate le frasi pronto. Quando legge la vostra lettera, il selezionatore non deve avere l'impressione di leggere le stesse cose delle decine di altre candidature che ha ricevuto.

- Fate attenzione all'ortografia. Rileggete più volte con attenzione la vostra lettera di presentazione. Se l'ortografia non è il vostro punto forte, chiedete alle persone a voi vicine di correggere il testo per voi. Qualunque sia la posizione e il settore per cui ci si candida, gli errori di ortografia fanno sempre una cattiva impressione.

- Mantenete le frasi brevi. Nell'interesse della massima chiarezza, non lanciatevi in lunghe frasi. Il selezionatore deve essere in grado di comprendere direttamente il contenuto della vostra lettera. Non deve rileggere un passaggio poco chiaro perché la frase è troppo complessa. Fate attenzione a non usare troppe frasi brevi, perché l'obiettivo non è quello di ottenere uno stile telegrafico.

- Siate onesti sulle vostre competenze. Dovete farvi valere, ma mentire e inventare cose per rafforzare la vostra candidatura vi si ritorcerà contro durante il colloquio o anche in seguito.

- Adottate un tono entusiasta. Il tono della lettera deve mostrare la vostra motivazione, ma senza dare l'impressione di essere troppo sicuri di sé: questo può sembrare arroganza o vanteria per il datore di lavoro.

- Siate dignitosi. Non date l'impressione di implorare il datore di lavoro. La riproduzione della pietà non funziona.

- Evitate di ripetervi. Non c'è bisogno di ripetere qualcosa che avete già detto o di esprimerlo nuovamente in modo diverso. Avete solo una pagina A4. Bisogna sfruttare al meglio lo spazio a disposizione. Assicuratevi che la vostra scrittura sia efficace.

- Le frasi devono essere sempre in forma positiva. Riformulare le frasi negative se ne sono rimaste alcune. Può non sembrare un problema, ma le frasi negative hanno un effetto negativo sull'impressione che la vostra lettera lascia.

. Utilizzate un formato semplice. Sebbene sia consigliabile essere originali nel contenuto della lettera, mantenete la forma semplice, tranne nel caso di una candidatura artistica. Attenetevi al nero e a un carattere classico (Arial, Times o Calibri). Evitate anche cornici troppo grandi. Il contenuto ha la precedenza su tutto il resto, quindi il modulo deve essere il più leggibile possibile.

FAQ

QUALI SONO LE SPECIFICITÀ DI UNA LETTERA DI PRESENTAZIONE INVIATA PER E-MAIL?

Quando ci si candida per e-mail, non è necessario scrivere la lettera su una pagina di word processor e inviarla come allegato. È possibile inviare il testo direttamente nell'e-mail. In questo modo, il selezionatore avrà un documento in meno da aprire e è avrà vita più facile. Tuttavia, è consigliabile scrivere prima la lettera in un documento separato e poi copiarla e incollarla nel corpo dell'e-mail. In questo modo si evitano errori, come l'invio per errore di un'e-mail non ancora terminata.

Per quanto riguarda il contenuto, la lettera di presentazione inviata direttamente nell'e-mail deve rispettare le stesse regole della lettera inviata per posta. Tuttavia, vi sono alcune differenze formali, poiché i codici in vigore sono quelli del formato e-mail e non quelli di una lettera classica. In effetti, entrambi i metodi di invio hanno le loro convenzioni. L'e-mail richiede meno elementi rispetto a una lettera tradizionale inviata per posta: non è necessario preoccuparsi dell'intestazione. Iniziare direttamente con l'introduzione. Quindi la prima cosa da scrivere è "Caro Signor Direttore" o "Cara Signora Direttore". Alla fine dell'e-mail, dovrete scrivere il vostro nome e i vostri dati di contatto. Per quanto riguarda l'oggetto della lettera di presentazione, è logico che si trovi nella riga dell'oggetto dell'e-mail.

È CONSIGLIABILE SCRIVERE UNA LETTERA DI PRESENTAZIONE A MANO?

Si può essere tentati di personalizzare la lettera scrivendola di proprio pugno, per motivi estetici o per distinguersi ancora di più e in effetti a volte è una mossa saggia. Tenete però presente che, nell'era della digitalizzazione diffusa, rischiate di trasmettere un'immagine avvilente di voi stessi: quella di una persona in ritardo rispetto alle moderne tecnologie. Questo consiglio è ancora più importante se vi candidate per un lavoro in un settore direttamente collegato alla manipolazione del computer.

DEVO SEMPRE INVIARE UNA LETTERA DI PRESENTAZIONE CON IL MIO CV?

Se non è espressamente richiesta nell'annuncio, la lettera di presentazione non è obbligatoria. Tuttavia, non costa nulla - a parte il tempo - allegare questo documento al vostro curriculum, che vi consentirà di evidenziare la vostra motivazione e il vostro interesse per la posizione per cui vi state candidando fin dal primo contatto.

QUALI ARGOMENTI SI POSSONO ADDURRE QUANDO SI HA POCA O NESSUNA ESPERIENZA PROFESSIONALE?

Quando si entra per la prima volta nel mercato del lavoro, è ovviamente difficile dimostrare l'esperienza lavorativa. In questo caso, non scoraggiatevi. Ci sono altri modi per mostrare le proprie qualità e competenze. La prima cosa da fare è ripensare al proprio background e identificare gli elementi che potrebbero essere utili per il lavoro a cui ci si sta candidando. Forse non ci penserete spontaneamente, ma alcune esperienze che ritenete insignificanti possono rivelarsi significative. Pensate quindi non solo alle attività di volontariato, agli stage o agli studi che avete svolto, ma anche ai vostri viaggi, alle attività sportive, alle passioni o agli hobby. Tra tutte, cercate di individuare le competenze più rilevanti che avete acquisito. Il punto è dimostrare che, nonostante la vostra inesperienza professionale, siete in grado di affrontare il lavoro e i suoi requisiti come qualsiasi altro candidato.

 ## CONSIGLI PER IL PRIMO LAVORO

Non menzionate mai esplicitamente la vostra mancanza di esperienza professionale. Il selezionatore lo noterà sul vostro CV. Non è quindi necessario sottolinearlo, l'obiettivo è far passare in secondo piano questo elemento, che a priori rappresenta un handicap per la vostra candidatura.

Se invece avete un'esperienza rilevante, ma non il titolo di studio per cui vi candidate, sottolineate questo aspetto e il significato che ha avuto per voi, senza menzionare la vostra mancanza di istruzione. Anche in questo caso, ciò sarà direttamente visibile sul vostro CV e menzionarlo nella vostra lettera potrebbe dare al selezionatore l'impressione che vi stiate mettendo in secondo piano. Mettete questa possibile carenza in relazione all'esperienza, alle competenze e alle altre qualità che avete accumulato.

È POSSIBILE INTRODURRE UNA NOTA DI UMORISMO NELLA LETTERA?

Naturalmente, vi abbiamo sempre consigliato di distinguervi dalla massa scrivendo una lettera originale e adatta a voi. Tuttavia, poiché l'umorismo è un elemento relativo, è molto difficile utilizzarlo in una lettera di presentazione. Infatti, a meno che non conosciate personalmente il selezionatore, evitate i tocchi umoristici. C'è la possibilità di divertire il datore di lavoro e mantenere la sua attenzione oppure quella di screditarvi completamente. In caso di dubbio, è meglio astenersi.

COME SI FA A ESPRIMERE IL PROPRIO ENTUSIASMO SENZA SEMBRARE ARROGANTI?

Per distinguersi dagli altri candidati, è importante mostrare la propria motivazione e il proprio entusiasmo per il lavoro e per l'azienda. Questa è la funzione principale di una lettera di presentazione. Attenzione: il vostro entusiasmo può talvolta passare per arroganza. Per evitarlo, ecco alcuni consigli pratici:

. Evitate di usare troppo la prima persona singolare. In altre parole, iniziate le frasi con "io" il meno possibile;

. Non usate mai un tono accondiscendente nei confronti della posizione per cui vi state candidando o del datore di lavoro. Questo può essere espresso, ad esempio, facendo riferimento a un precedente datore di lavoro più prestigioso che si sta mettendo, anche se implicitamente, su un piedistallo rispetto a quello a cui ci si sta candidando. Naturalmente non dovete sminuire le vostre esperienze, ma elogiare eccessivamente un'azienda o un lavoro precedente darà al selezionatore l'impressione che vi stiate candidando per dispetto;

- Evitate i punti esclamativi involontari. Se ogni frase termina con un punto esclamativo, l'effetto del segno d'interpunzione diminuisce notevolmente. Usatelo per enfatizzare una o due frasi in particolare, ma non di più;

- Non parlate solo di voi stessi e delle vostre esperienze. Tenete presente che l'obiettivo non è solo quello di dimostrare che siete competenti, ma anche che siete motivati dal lavoro e dal datore di lavoro. Quindi sottolineate gli aspetti del lavoro che vi rendono così entusiasti. È importante non lasciare che la lettera di presentazione diventi un'auto-elogio.

SI PUÒ SCRIVERE LA STESSA LETTERA DI PRESENTAZIONE PER TUTTE LE CANDIDATURE?

Tutte le offerte di lavoro hanno le proprie specificità. È quindi importante adattare la propria lettera di presentazione a questi aspetti. Anche se trovate due annunci quasi identici per lo stesso lavoro, dovrete comunque adattare la vostra lettera al datore di lavoro, che sarà diverso. La personalizzazione della lettera è un elemento fondamentale e non si dovrebbe mai inviare la stessa lettera due volte. Naturalmente, a volte le vostre lettere possono differire solo su alcuni punti, ma sono proprio questi dettagli a fare la differenza. Tanto vale darsi una possibilità. La migliore lettera di presentazione sarà quella che vi assomiglia e che si adatta all'annuncio a cui state rispondendo.

DOBBIAMO PARLARE DELLA DISTANZA TRA L'AZIENDA E IL DOMICILIO?

Naturalmente, se abitate vicino al luogo di lavoro, l'indirizzo riportato sulla lettera di presentazione e sul CV è sufficiente per far capire al datore di lavoro che la distanza tra casa vostra e l'azienda non sarà un problema.

Se invece abitate molto lontano dal luogo di lavoro, è consigliabile spiegare i motivi della vostra ricerca nella zona. Ad esempio, se avete intenzione di trasferirvi nella zona in cui si trova il datore di lavoro, menzionarlo sarà un ulteriore vantaggio per la vostra candidatura. Inoltre, questo vi darà un credito extra, ma se non riuscite a trovare una ragione convincente per questa distanza, non menzionatela: non ha senso attirare l'attenzione del selezionatore su qualcosa che in linea di principio potrebbe essere dannoso per la vostra candidatura.

👁 ATTENZIONE!

Non mentite mai sul vostro indirizzo per apparire più vicini al datore di lavoro. Questo si ritorcerà contro di voi se vi verrà dato un appuntamento con poco preavviso, durante il colloquio orale o anche quando dovrete fornire il vostro indirizzo effettivo per il contratto di lavoro. Se sapete che il luogo di lavoro indicato in un annuncio è troppo lontano da casa vostra e che sarà troppo complicato per voi raggiungerlo, è meglio risparmiare il vostro tempo e non candidarvi. A meno che non siate pronti a trasferirvi!

STA A VOI DECIDERE!

Ora avete tutti gli strumenti necessari per scrivere le vostre lettere di presentazione nel miglior modo possibile. Come ultimo suggerimento, vi proponiamo un elenco di domande che possono aiutarvi se vi manca l'ispirazione per scrivere la vostra lettera.

- Perché voglio questo lavoro? Quali sono le caratteristiche che mi motivano di più?

- Perché voglio lavorare per questo particolare datore di lavoro?

- Quali prove ho di essere qualificato per questa posizione?

- Qual è il mio valore aggiunto rispetto agli altri candidati?

- Di cosa sono orgoglioso in ciò che ho realizzato? Posso usare questo come argomento?

- C'è un'area in cui eccello particolarmente? Se sì, è rilevante evidenziarlo?

- Quali tratti del mio carattere possono essere utili per il lavoro?

- Ho altri vantaggi (distanza tra casa mia e il luogo di lavoro, conoscenza di una lingua che potrebbe essere utile, ecc.)?

 # LAVORARE CON LE PAROLE CHIAVE

Può essere utile sviluppare un elenco di parole chiave per categoria. Quando rispondete a queste domande, scrivete le parole chiave che vi vengono in mente. Quindi ordinatele in gruppi come "competenze", "motivazione", "esperienza", "beni specifici", ecc. Sia che stiate scrivendo sia che stiate rileggendo la vostra lettera, ricordatevi di guardare di nuovo queste categorie per assicurarvi di non aver dimenticato nulla. Infine, non scoraggiatevi se le vostre domande non vengono accolte. Questo non significa che non siate competenti. Mantenete gli stessi standard elevati nella preparazione delle vostre candidature e alla fine ne trarrete beneficio!

Vogliamo sapere da voi!
Lasciate un commento sulla vostra biblioteca online
e condividete i vostri libri preferiti sui social media!

MASLOW'S
HIERARCHY
OF NEEDS
Gain vital insights into
how to motivate people
Personal
accomplishment
Esteem
Belonging
Security
Physiologic
THE SWOT
ANALYSIS
Internal factors
Strengths
Weaknesses
SWOT
Opportunities
Threats
External factors

L'editore garantisce l'affidabilità delle informazioni
pubblicate, che non possono tuttavia impegnare la sua
responsabilità.

Master ISBN: 9782808608329
ISBN cartaceo: 9782808609531
Deposito legale: D/2023/12603/138

Design digitale: Primento,
il partner digitale degli editori.